ESTE LIBRO PERTENECE A:

15

CONSEJOS MALVADOS PARA SER TU PROPIA SUPERHEROÍNA

VANIA BACHUR

Altea

15 consejos malvados para ser tu propia superheroína

Primera edición: junio, 2019

D. R. © 2019, Vania Bachur, por los textos y las ilustraciones

D. R. © 2019, derechos de edición mundiales en lengua castellana:
Penguin Random House Grupo Editorial, S. A. de C. V.
Blvd. Miguel de Cervantes Saavedra núm. 301, 1er piso,
colonia Granada, delegación Miguel Hidalgo, C. P. 11520,
Ciudad de México

www.megustaleer.mx

D. R. © Penguin Random House Grupo Editorial / Diego Medrano, por el diseño de interiores

ISBN: 978-607-317-861-7

Impreso en México – *Printed in Mexico*

El papel utilizado para la impresión de este libro ha sido fabricado a partir de madera procedente
de bosques y plantaciones gestionadas con los más altos estándares ambientales, garantizando
una explotación de los recursos sostenible con el medio ambiente y beneficiosa para las personas.

Penguin
Random House
Grupo Editorial

INTRODUCCIÓN. ¿QUÉ ES SER MALVADA?

15 CONSEJOS MALVADOS

1. PARA LOGRAR TUS SUEÑOS
2. PARA VENCER TUS MIEDOS
3. PARA SUPERAR LAS CRISIS EXISTENCIALES
4. PARA IGNORAR LAS CRÍTICAS Y ALEJAR A LAS PERSONAS TÓXICAS
5. PARA TENER PAZ MENTAL
6. PARA HUIR DE AMORES COMPLICADOS
7. PARA DESPEDIR AL ERROR DE TU VIDA
8. PARA TENER UN AMOR BONITO Y DE VERDAD
9. PARA AMAR TU TRABAJO
10. PARA DEFENDER TU TRABAJO
11. PARA QUE TE PAGUEN POR HACER ESO QUE SOÑASTE
12. PARA CONQUISTAR EL MUNDO
13. PARA CUIDARNOS MÁS
14. PARA SER MÁS FUERTES
15. PARA SER TU PROPIA SUPERHEROÍNA Y LA DE OTRAS MUJERES

¿QUÉ ES SER MALVADA?

Siempre me he caracterizado por ser **brutalmente honesta y megaenojona**, lo cual provocó que mis amigos y familia empezaran a decirme que era malvada, aunque me hubiera convertido en esa persona en la que podían confiar si lo que querían era un consejo o una opinión que fuera sincera pero nada suave.

Convierte tus defectos en cualidades.

Como lo mejor que puedes hacer es *embracing* las cosas que dicen de ti, para que al final no te molesten o lastimen, así lo hice yo. Dije: **"Entonces voy a ser malvada, pero malvada kawaii ('kawaii' es una palabra japonesa que significa 'bonito o tierno')"**. Todos dicen que, cuando me enojo o critico algo, sienten bonito, porque pareciera que me sale diamantina por la boca, con corazoncitos y estrellitas.

RAZONES POR LAS QUE MI MARCA TIENE MI NOMBRE

① PORQUE ME HACÍAN BURLA POR TENER UN NOMBRE RARO

② POR VENGANZA KAWAII

VANIA BACHUR

VANIABACHUR.COM

CONVERTÍ ESE SENTIMIENTO NEGATIVO EN ALGO COOL ...

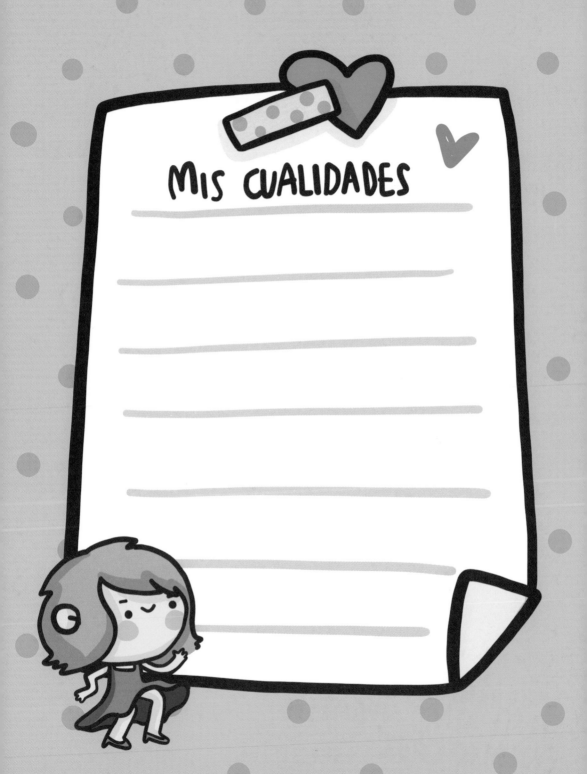

MIS CUALIDADES

MIS DEFECTOS

¿CUÁLES PUEDO CAMBIAR?

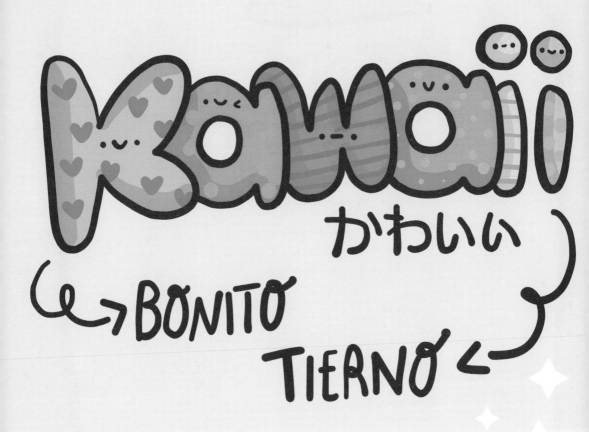

Kawaii
かわいい
→ BONITO
TIERNO ←

También creo que cuando te encuentras rodeado de cosas negativas, **tienes de dos:**

te sumerges en ellas y sufres

o les das la vuelta, aprendes de esas situaciones y creces.

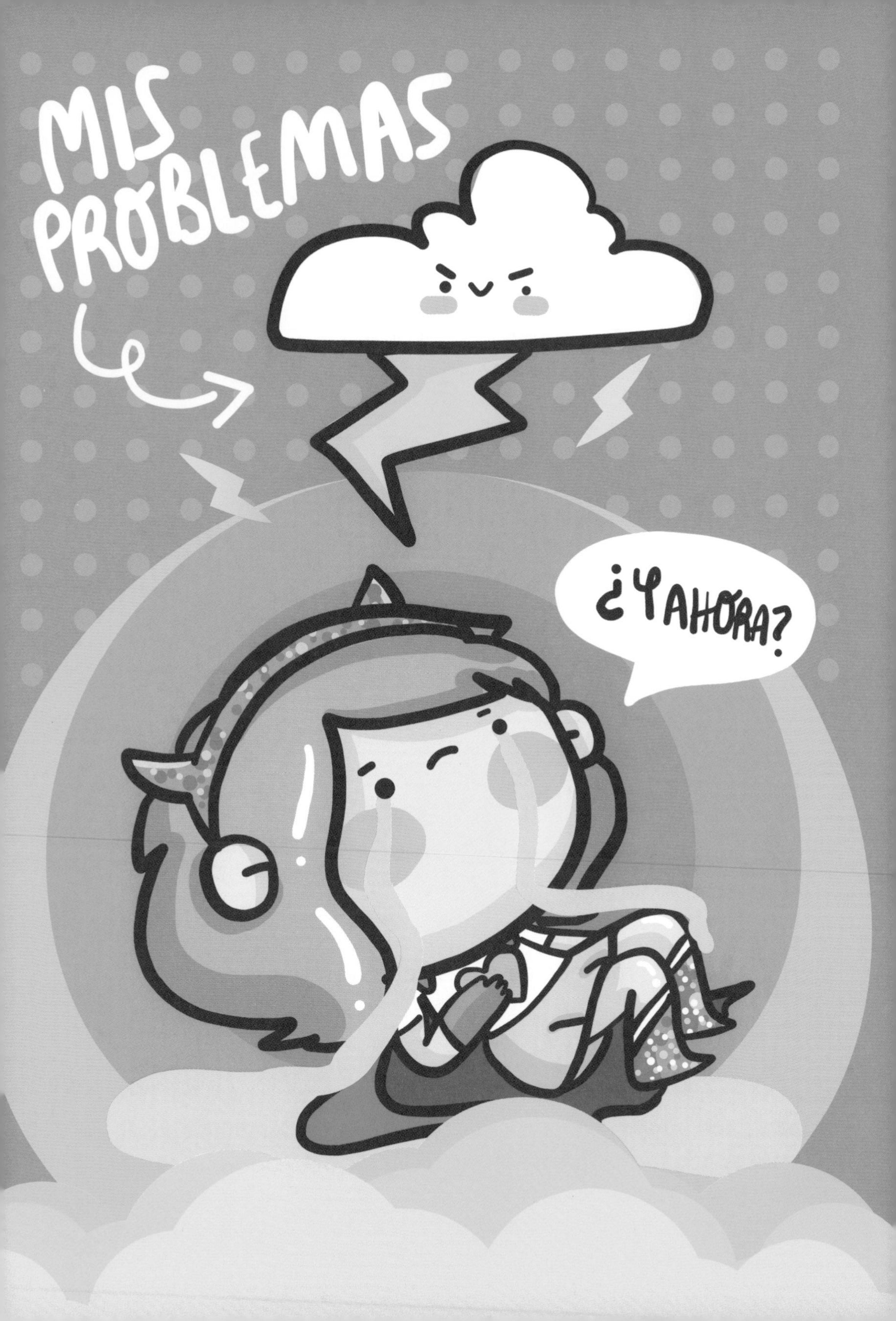
MIS PROBLEMAS
¿Y AHORA?

SI SE LA PASAN AVENTÁNDOTE TIERRA,
lo mejor que puedes hacer es juntarla, armarte unas
macetas, y ponerle semillas, para que muy pronto
tengas tus propias plantitas.

En mi caso, jugar con ese
concepto de **"MALDAD"**
me ha ayudado a avanzar

y a convertir toda esa  que me avientan
en el abono para el jardín de mis metas.

Así nacieron mis consejos malvados: cuando empecé a decir esas
cosas que las personas necesitaban oír, pero que, a veces, nadie
se atrevía a decir por aquello de que **"alguien se vaya a molestar"**,
o porque **"no a todos les gusta que les digan sus verdades"**.

PERO AL SER KAWAII
NO SIENTES FEO
AL LEERLOS

SON MALVADOS
PORQUE SON SINCEROS

¡Yeiiiii
¡TENGO UN LIBRO
Y ES ROSA!

ESTE LIBRO REFLEJA MI VISIÓN DE MUCHAS COSAS. Puede que tenga o no la razón, pero es lo que me ha ayudado a sobrevivir. Ten la libertad absoluta de tomar aquello que te sirva y de desechar lo que no, porque nadie tiene la razón al cien por ciento.

1. PARA LOGRAR TUS SUEÑOS

Cuando eres pequeña y las personas se la pasan diciéndote una y otra vez que no vas a poder hacer eso que tanto sueñas, llegas a un punto de frustración en el que simplemente no entiendes por qué lo dicen.

Cuando eres niña no hay límites para tu mente.

Si bien es bueno aprender de la experiencia y de los errores de los demás, siempre me ha parecido rarísimo ponerme límites sólo porque alguien más me dijo que eso que quiero lograr **"no se puede hacer"**.

AQUÍ LES VOY A PLATICAR UN POQUITO SOBRE MÍ.

Siempre soñé, es más, siempre dije y les aseguré a todas las personas que conocía que iba a vivir de dibujar. No sabía cómo ni cuándo, pero estaba supersegura de que lo iba a lograr.

DIBUJO DESDE QUE TENÍA TRES AÑOS.

Para mí es importante decirlo, porque siempre juego con que tengo 30 años dibujando como niña... Todo empezó cuando me dejaron a cargo de mi tía Feli y ella me enseñó a dibujar gatos hechos con círculos. Obviamente ella sólo quería distraerme para que no hiciera travesuras. Tía, desde aquí y hasta donde sea que estés, gracias por abrir mis ojos al mundo del dibujo. Me guiaste para tener la profesión perfecta para mí, y eso nunca lo voy a olvidar.

Esos gatos me llevaron a dibujar como loca desquiciada, a todas horas, sobre todas las superficies que podía y a **CREAR MI PROPIO UNIVERSO KAWAII.**

MI TÍA FELI

Si hay algo que me quedó muy claro desde un principio fue que no sería fácil, ya que me enfrenté a muchos matasueños y, mientras iba creciendo, me decían de manera cada vez más fría que dibujar era un juego, no una profesión:

"En México eso no va a pasar, i¿cómo crees, Vania?!".

Pero como soy una obstinada, jamás dejé de practicar y desde muy pequeña me puse como retos las marcas con las que iba a trabajar. Para mí es superbonito visualizar a la pequeña Vania pensando en eso, porque ahora puedo decirle que sí pudimos trabajar con Disney y con Nickelodeon, que sí creamos nuestros personajes, lo que nos llevó a tener una marca propia kawaii, y que ahorita estamos escribiendo un libro.

Lograr tus sueños depende de ti, del empeño
que le pongas. No hay ningún truco ni fórmula
mágica; o tal vez sí...

FÓRMULA SECRETA PARA CUMPLIR TUS SUEÑOS

$$\frac{\text{CONSTANCIA} + \text{DISCIPLINA}}{\text{ORIGINALIDAD}}$$

Si hay algo
que quieras
emprender
o empezar a hacer,
toma en cuenta que
no todo es miel sobre
hojuelas: te va a costar
mucho, pero mucho trabajo;
vas a llorar, vas a hacer muchos
sacrificios, vas a tener que descartar
oportunidades que, para otros,
pueden parecer perfectas,
pero que para ti sólo
son un escalón,
**porque tú
quieres
más.**

TRABAJA DURO

PARA OBTENER

LO QUE QUIERES

Ten en cuenta que **ENTRE MÁS LEJANA** se encuentre tu meta, **MEJOR SE SENTIRÁ** llegar a ella.

Y, como advertencia, de una vez te digo que las personas sólo verán el resultado final y pensarán que fue **"cuestión de mera suerte"**. Es entonces cuando tú tienes que darle valor a todo lo que pasaste, toda esa m13rd4 que tuviste que soportar para llegar hasta donde estás.

Después de todo, nadie dijo que cumplir sueños sería fácil, porque está bien complicado hacerlos parte de tu realidad; pero, mira, si fuera tan sencillo, todos lo lograrían..., y no es así.

¿QUÉ LE DIRÍAS A TU YO DE 12 AÑOS?

¿CUÁLES DE TUS SUEÑOS MÁS LOCOS YA CUMPLISTE?

¿CUÁLES SON LAS METAS QUE TE FALTAN POR CUMPLIR?

2. PARA VENCER TUS MIEDOS

Todos tenemos miedos; pero yo me saqué el premio gordo de los miedos. Sufro de ansiedad probablemente desde que nací, lo que quiere decir que vivo con miedos irracionales 24/7. Todo el tiempo mi mente está pensando en que me voy a morir o que algo malo le va a pasar a alguien a quien quiero. Siento que nada en mi vida va a funcionar y me angustio por los "qué tal si". Mi cerebro vive en un futuro atormentado.

Ya sé. ¿Qué padre, no?
DIJO NUNCA NADIE.

Y desde ahorita te advierto que si yo pude lograrlo con ese monstruo hablándome todo el tiempo en mi cabeza, ¡tú también puedes! Total, lo peor que podría pasarte es que las cosas que quieres simplemente no sucedan como lo tenías contemplado, y aun así, todavía tienes oportunidad de construir algo diferente.

Hay una frase que significa mucho para mí, que no puedo recordar ni cómo la saqué, de dónde o cómo llegué a ella, pero sí del impacto que causó en mi cabeza y de los muchos años que lleva dando vueltas en mi vida.

Hazlo,
y si te da miedo,
hazlo con miedo.

Tus miedos no pueden dejarte paralizada, no es justo y no está bien. Si yo no los hubiera enfrentado, no estarías leyendo este libro justo en este momento, y creéme, con todo eso que la gente dice que "he logrado", a veces me sigue costando muchísimo trabajo levantarme de la cama y vivir, y más aún: **aceptar que nunca voy a dejar de pensar así y sólo lo puedo controlar, lo que no quiere decir que me daré por vencida.**

A veces puedes sentir que vencer tus miedos es imposible;

POR QUÉ AŸÑ...

MMM...

entonces, te daré estos consejos malvados que me han servido de manera extraordinaria.

HAZTE AMIGA DE TUS MIEDOS

APRENDE A CONVIVIR CON ELLOS

ENFRÉNTALOS Y DALES PELEA,

¿POR QUÉ DEBERÍAS DEJARTE VENCER?

Y VE CON UN EXPERTO. LO VALES.

Ve con un especialista, lo mereces. Sí, es muy probable que tengas el estigma de **"no estoy loca, no lo necesito"** o **"no tengo dinero"**. Eso es exactamente lo mismo que pasó por mi mente cuando mi hermano me recomendó ir con mi actual doctor, ¿y sabes qué?, vale cada centavo que he pagado. Porque cuando te das cuenta de que no todos los seres humanos viven angustiados, no puedes creer que hayas desperdiciado tanto tiempo envuelto en una telaraña de miedos que, en realidad, ni existían.

COSAS QUE ME DAN MIEDO

MIEDOS
TONTOS

¡¿QUÉ PUEDO HACER PARA DEJAR DE TEMERLOS?!

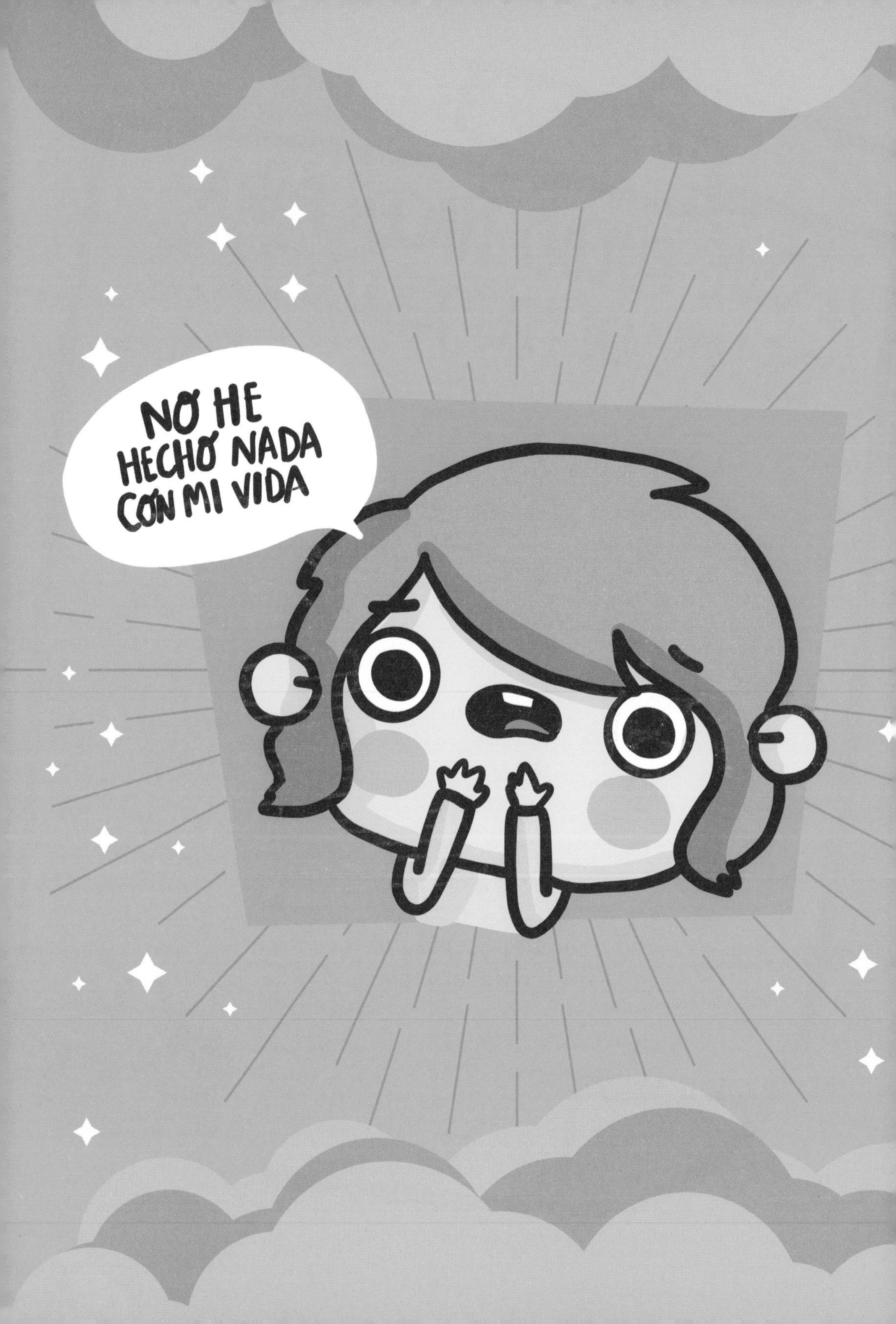
NO HE HECHO NADA CON MI VIDA

3. PARA SUPERAR LAS CRISIS EXISTENCIALES

No siempre vas a estar feliz con la vida que tienes, ¿y sabes qué?, es completamente normal. Deja de comparar tu vida con la de los demás, sobre todo en las redes sociales, donde la mayoría sube la mejor versión de sí mismos.

En los tiempos del *boom* de las redes sociales, de pronto te encuentras rodeada de muchísimas personas fingiendo ser supercool y felices. **Y no, mi ciela, no, nadie es feliz todo el tiempo**, nadie tiene una vida perfecta, así que deja de envidiar espejismos y mejor analiza lo que tienes y hacia dónde quieres avanzar.

Si hay algo que no te gusta de tu situación actual, salte de tu problema, **analízalo y muévete**. Por mera física, debes ejercer fuerza y hacer algo para que las cosas cambien.

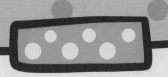

No llores porque todo te pasa a ti o porque todo lo bueno le pasa a alguien más. Tú tomaste las decisiones que te llevaron a estar en la situación en la que te encuentras. Sí pueden afectar factores externos, pero tú y sólo tú, de manera consciente o inconsciente, lo hiciste, llegaste y te quedaste ahí.

Siempre me ha parecido absurda la forma de pensar de algunas personas que sienten que la vida les debe algo y que algún día el mismo destino abrirá los cielos, un rayo de luz los iluminará y obtendrán todo lo que quieren, porque ahora "les toca a ellos" o "es su tiempo". **Si realmente deseas algo, ya sea hacer los mejores tacos del universo o ser la abogada más exitosa de todos los tiempos, todo, absolutamente todo depende de ti**, porque cuando realmente quieres algo, tú ves cómo o qué c4r4j0s haces, pero mueves todo tu entorno y a ti misma para hacer que las cosas pasen.

Voy a sonar supertía, pero es verdad que después
de la tormenta viene la calma. Por ejemplo, yo que
tengo un trabajo que depende de mi creatividad
y de mi habilidad para dibujar, a veces siento
que no puedo hacer nada y que todos los demás
ilustradores del mundo son mejores.

Sí, tal vez haya muchos que tengan mejor técnica y más conocimientos, pero después de muchos tropiezos aprendí que yo soy la única que puede superar su propio trabajo, porque se trata de una cuestión de evolución, no de una competencia. Entonces, cuando sufro de una crisis existencial en mi profesión, me obligo a salir, a ver qué están haciendo en otras partes del mundo. **Me inspiro con cosas que no tienen nada que ver con lo que yo hago y me doy cuenta de que, después de haber caído en un hoyo, viene el arcoíris creativo y empiezo a inventar como nunca antes.**

LO QUE MÁS ME GUSTA
DE MI VIDA

¿QUÉ CAMBIARÍA?

¿QUÉ ES LO PEOR QUE PUEDE PASAR SI TENGO UNA CRISIS EXISTENCIAL?

¿QUÉ ES LO MEJOR QUE ME HA PASADO DESPUÉS DE UNA CRISIS EXISTENCIAL?

4. PARA IGNORAR LAS CRÍTICAS Y ALEJAR A LAS PERSONAS TÓXICAS

Quiero que visualices el terror que fue para mí poder salir a la luz y enseñar mi trabajo al mundo entero; fue como subir una foto tuya y quedarte esperando a que personas ajenas a ti y completamente extrañas te critiquen. Así me sentí cuando empecé a subir mis ilustraciones a las redes sociales. No lo hice con el afán de **"hacerme famosa"**, sólo fue para compartirlas con mis amigos, pero una cosa llevó a la otra: los números empezaron a subir y sobre todo la gente empezó a opinar sobre mí, mi personalidad y mis dibujos.

Si bien la mayoría son personas que ofrecen críticas constructivas o que simplemente son el target al que va dirigido mi sentido del humor ilustrado, me he topado con personas extrañísimas...

ENVIDIOSUS EXTREMUS

Envidian lo que haces aunque ellos ni lo quieren hacer, pero odian que tú lo hagas.

SANGUIJUELA COPETUDA

Sólo te buscan para obtener un beneficio de lo que has construido con tanto esfuerzo para después dejarte a un lado porque ya no les sirves.

LOS GUASONES

Sólo quieren criticarte para ver el mundo arder y verte enojar.

FLOJUS HUEVONUS

Siempre se van a creer mejor que tú, aunque no quieren trabajar tanto como tú porque también quieren «tener una vida» y ni modo de sacrificar la suya, y critican desde el otro lado de la pantalla.

RESENTIDUS SOCIALUS

**Critican tus decisiones de vida,
porque la suya está hecha una basura
y a ti te va bien.**

BROJUS PERRITUS

Hacen lo mismo que tú y te ven como una competencia aunque tú tengas parámetros más altos y pienses que lo que ellos hacen ni te gusta, ni aspiras a ello, ni nada.

Y así como estas personas llegaron a mi vida, así las mandé lejos. **NO ME CH$%(/(u3$.** No tienes por qué vivir a través de las frustraciones de otra persona, simplemente porque ellos tomaron las decisiones equivocadas y tú no. A veces las críticas no sólo vienen de desconocidos o de personas *random*; también de tus amigos o de gente que creías que era muy cercana a ti.

GUÍA BÁSICA PARA RECONOCER A LAS PERSONAS TÓXICAS

TODO EL MUNDO LAS MALTRATA

SIEMPRE TERMINAN PELEADAS CON TODOS SUS AMIGOS

SON MANIPULADORAS

SUFREN DE UNA MANERA INCREÍBLE Y TE CONVIERTES EN SU PAÑO DE LÁGRIMAS...

USAN LAS DEBILIDADES QUE UNA VEZ LES CONFESASTE CONTRA TI

SON CONFLICTIVAS

¿QUIERES APRENDER A ALEJARTE DE UNA PERSONA TÓXICA?

① ESTOY JUNTO A UNA PERSONA TÓXICA

En realidad no es tan fácil, pero sí es un buen comienzo dar unos pasos lejos, más si se trata de un amigo o de alguien a quien querías. Te va a doler y te va a hacer sentir rota por un buen rato,

② AHORA YA NO

casi como si fuera un rompimiento amoroso —tal vez sea el caso—; sólo toma en cuenta que, antes que nadie, primero debes quererte más a ti. Puede sonar egoísta, pero también muy real: deja de sufrir por alguien que ni siquiera vale la pena.

AHORA COMPLETA TU PROPIA LISTA

LISTA NEGRA DE GENTE QUE ME HA HECHO DAÑO

Deséales el bien, que sean superfelices, que se sientan completos y que les vaya bien, a ver si así dejan de meterse en cosas que no les importan y en vidas que no son las suyas. Te va a costar muchísimo trabajo llegar a ese grado de aceptación, pero el tiempo te va a ayudar y lo vas a lograr.

Aprende a procesar que sí, a veces te van a pasar cosas que no quieres en tu vida, pero que tarde o temprano superarás.

A veces siento que nos encanta meternos en problemas por andar de entrometidos. Tu vida no es una serie dramática, no estés rodeada de complicaciones. Si hay algo que no te gusta de una situación, simplemente aléjate. Eso no quiere decir que huyas siempre de tus problemas, pero sí míralos de lejos y ve si realmente vale la pena estar ahí o encuentra una solución razonable que no dañe a nadie.

5. PARA TENER PAZ MENTAL

¡TU VIDA NO ES UNA NOVELA!

La mejor manera para distraer tu mente y dejar de obsesionarte con asuntos que no son para ti es enfocarte en actividades productivas.

A mí me ha funcionado mucho mantenerme en un estado permanente de aprendizaje, ya sea con un nuevo idioma, otra técnica de dibujo o incluso algo que no tenga nada que ver con mi carrera. Cuando tienes tiempo libre suficiente para pensar en tonterías, corres el riesgo de que tu mente se llene de basura que no es para ti.

¿EN QUÉ SOY BUENA?

Deja de comparar tu vida con las de los demás, tú eres tú. **Acéptalo y aprende a amarte.** Vives en una época en la que casi todo lo que quieras aprender está a un clic de distancia. Aprovéchalo, no es imposible; yo aprendí a ilustrar de manera profesional así: viendo tutoriales en internet.

SÍ PUEDES APRENDER POR INTERNET

¿QUÉ QUIERO APRENDER?

Cada vez que empiezan a llegar a mi cabeza pensamientos negativos derivados de mi ansiedad, me pongo a dibujar o a trabajar; ésa ha sido siempre mi válvula de escape para no volverme loca. De cierta manera, hice las paces con mi trastorno, porque gracias a él pude construir una carrera. Sí, porque ser tan obsesiva con

"ESTAR HACIENDO ALGO
PARA NO PENSAR TONTERÍAS"

me convirtió en una persona sumamente productiva. Obviamente a nadie le gusta sentirse mal, por lo cual lo traté y ahora sigo trabajando muchísimo aunque de manera más enfocada, sin estar pensando en segundo plano que pasarán tragedias. Así fue como encontré mi paz mental: primero busqué mi salud y lo demás se fue acomodando.

6.PARA HUIR DE AMORES COMPLICADOS

Haber crecido rodeada de comedias románticas protagonizadas por Drew Barrymore no nos ayudó en lo absoluto, es más, nos afectó porque terminamos idealizando a la persona perfecta, ésa que te iba a salvar y que, al final, haría que todo terminara en un beso o en una escena musical en algún parque de Nueva York, y la verdad es que no pasa así.

La mayoría de las veces, te ves envuelta en amores complicados, reales y más al estilo de *(500) Days of Summer*. Sí, acéptalo, todas hemos sido una Summer y también hemos tenido a una en nuestras vidas: alguien que te encanta, es la persona perfecta, te emociona, te provoca ganas de cantar y cuyo nombre eres incapaz de dejar de mencionar en cada conversación.

¿Y luego?
¿Y si siempre no funcionó?

Por alguna extraña razón, o más bien por pura costumbre, tendemos a seguir patrones previamente conocidos: terminas encontrando clones de tu ex porque sigues buscando a esa misma persona o lo que sentías por ella en sujetos similares. Ya sea porque se parece mucho físicamente o su carácter es igualito, desde el principio esa relación, o "intento de", se verá destinada al fracaso; si no funcionó con el original, tampoco ocurrirá con este clon.

También existe la tendencia a sufrir mucho tiempo, incluso años, por esa persona que te rompió el corazón, porque la sigues comparando con cada nuevo individuo que conoces y "nadie le llega".

Si quieres que tu situación sentimental cambie o avance, deja de repetir los malditos errores una y otra vez y abre tu panorama. ¿Qué tal si lo que quieres no es necesariamente lo que necesitas? **¡Deja de sufrir por un idiota que no te quiso, no te quiere y jamás te va a querer!**

Sé responsable de tu propia felicidad, no tienes que cumplir ningún parámetro impuesto por la sociedad o por tus tías que te preguntan por el "novio". ¿Y si estar sola es lo mejor para ti? Sólo tú sabes qué es lo que quieres en tu *ahorita*.

El día que entiendas lo mucho que vales, te abrirás a nuevas experiencias, conocerás a personas increíbles y, quién sabe, puede que conozcas a alguien que valga toda la pena y las alegrías también. Recuerda que no tienes que estar con alguien para sentirte completa, desde que naciste ya eres un individuo completo. Eso de la media naranja puede que sea o no para ti, ¿y sabes qué?, está bien y es normal.

LOS INNOMBRABLES

PERSONAS QUE ME ROMPIERON EL CORAZÓN

COSAS QUE AMO DE MÍ

COSAS QUE BUSCO EN OTRA PERSONA

COSAS QUE ODIO DE MIS EX

EWW!

Amiga, el error de tu vida puede ponerte en el camino correcto al amor de tu vida, o al amor de tu ahorita, para ser más precisa.

Toma lo bueno que dejan las personas y tira el resto. En mi caso, siempre me quedé con la música, jajaja. Uno de los errores de mi vida me recomendó un disco que hasta ahora sigue siendo uno de mis favoritos (el cual logré exorcizar de cualquier recuerdo) y que, tiempo después, me conectó con mi ahora amordemivida: **"Damito"**.

Hay personas que pasan por tu vida para enseñarte qué es lo que no quieres tener y cómo no se lleva una relación. Es más, lo puedes ver como una clase de entrenamiento para cuando llegue "el indicado". Puede sonar frío y calculador, pero es la realidad. De alguna manera tienes que aprender, y lo mejor es la práctica.

COSAS BUENAS QUE ME HAN DEJADO LOS ERRORES DE MI VIDA

LIBROS
PELIS
COMIDA
RISAS
MÚSICA

Después de un tiempo, hasta te vas
a reír cuando recuerdes que llegaste a llorar
por alguien que no valía la pena.

Yo sé que es malvado decirlo, pero hasta gusto
te va a dar saber que los dejaste ir cuando te los
encuentres en Facebook y los veas en una situación
desfavorable; lo primero que llega a tu mente es un
"Bendito Cristo, de la que me libré".

ERRORES DE LOS QUE ME HE LIBRADO

Agradece haber aprendido cómo no querer y haber logrado avanzar. Y si hay algo más que te puedo recomendar es tirar todo lo que esa persona te dio, o regresarlo y tal vez hasta donarlo. En verdad vas a necesitar exorcizar tu vida para empezar de nuevo. Al menos, al principio, trata de alejarte de todas las cosas que te recuerden a él.

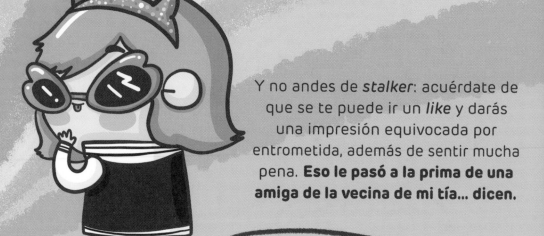

Y no andes de *stalker*: acuérdate de que se te puede ir un *like* y darás una impresión equivocada por entrometida, además de sentir mucha pena. **Eso le pasó a la prima de una amiga de la vecina de mi tía... dicen.**

Recuerda que, cuando despidas al error de tu vida, va a quedar espacio para que llegue alguien más. Y, pasando a temas más importantes, date cuenta cuando ya eres la tortilla de otro taco.

O igual y eres un taco que necesita tiempo a solas e, insisto..., eso está bien.

8. PARA TENER UN AMOR BONITO Y DE VERDAD

Aunque no lo creas, allá afuera hay parejas que se quieren bonito, completo y real. Si hay algo que he aprendido es que la diversidad es lo mejor que nos ha pasado, que hay muchas maneras de querer y que está bien mientras no dañes a nadie.

CUANDO QUIERES BONITO...

No existen las distancias

Debes tener presente que primero tienes que estar bien contigo misma, saber cuáles son tus virtudes y defectos y cambiar lo que no te guste. Sí lo he repetido varias veces, pero en verdad es necesario estar bien tú solita antes de aventarte por un tobogán de emociones.

No hay etiquetas

Cuando quieres bonito y te das cuenta, no existen las distancias ni el **"no tengo tiempo"** ni tampoco las etiquetas; dejas los pretextos a un lado y tomas acción. Esto pasa porque quieres y amas de verdad.

Y el amor no se desgasta, al contrario, aumenta

@Puas

Puedes encontrar a una persona con la que tengas muchas cosas en común y que, al mismo tiempo, sea superdiferente a ti; el chiste es que se complementen y que se convierta en la tortilla que le da doble soporte al taco de tu vida. **Busca un amor único y que se adapte a lo que quieres, deja de sacrificar cosas por lo que alguien más quiere o piensa sobre lo que deberías hacer con tu vida.**

¿QUÉ TIPO DE AMOR QUIERO PARA MÍ?

ERES LA TORTILLA DEL TACO DE MI ♥ VIDA ♥

A continuación, algunas
señales de que encontraste
la piña de tu taco al pastor.

COSAS QUE QUIERO

**Tomar un
cafecito**

**Viajar y explorar
el mundo**

HACER CONTIGO

Escuchar música juntos

Disfrazarnos de una quesadillota

ES MEJOR TENER ESTABILIDAD EMOCIONAL QUE MARIPOSAS EN EL ESTÓMAGO

Siempre comparo el amor con los tacos porque los amo y son lo mejor que le ha pasado a la humanidad, según yo, y porque me es muy sencillo explicar estas cosas con humor. Por ejemplo, cuando encuentras a la otra mitad del aguacate de tu vida no tienen por qué embonar perfecto, porque hay aguacates diferentes, pero al final siguen siendo aguacates y todos vienen de árboles semejantes.

9. PARA AMAR TU TRABAJO

En mi experiencia, hay dos tipos de trabajo: uno es el de tus sueños, que puede parecer casi imposible, y otro el de tu realidad, ése que te ayuda a pagar las cuentas.

¿Pero cómo brincar de uno a otro? Muy fácil: simplemente no lo haces, al menos no al principio. Hay cientos de videos en redes sociales sobre lo maravilloso que es emprender y ser tu propio jefe. Lo que no se dice en esos videos es que muy pocos lo logran y que, para llegar a ese punto, vas a llorar y te van a caer cascadas de m13rd4 antes de siquiera pensar en conseguirlo.

DETRÁS DE UNA
PERSONA EXITOSA
SIEMPRE HAY....
ALGUIEN
TRABAJANDO
DURO

LOVE WHAT YOU DO!

Una amiga, a la que le digo **manitachulaypreciosa**
—así, todo junto—, me dio un gran consejo
profesional que logré utilizar en mi carrera:

"Piensa en el trabajo que tienes ahorita como el medio que te da el dinero para poder hacer lo que te gusta, aunque lo segundo ahorita no te dé dinero".

A veces vemos nuestra carrera como algo que a fuerza nos tiene que encantar, pensamos que debemos amar y sacrificarlo todo por la empresa que puede que un día nos despida. Todo por ponernos la camisa de algo que ni siquiera es nuestro.

Lo que yo hice, y me sirvió, fue tener trabajos en los que me superexplotaban, pero en los que, al mismo tiempo, aprendía todo lo que podía.

Me iba tarde, me quedaba más tiempo que los demás, y me sumaba a otros proyectos porque quería aprender, ver cómo le hacían en el mundo real. Después me iba a otra empresa a absorber todo lo que podía como si fuera una esponja.

Mientras estaba en el trabajo de mi realidad, ése en el que aprendía y me daban crisis nerviosas del estrés que tenía, al mismo tiempo levantaba mi proyecto de ilustración, lo que se convirtió en mi propia marca. Siempre tuve muy en cuenta que no podía exprimir mi marca, porque la amaba, la cuidaba y dejaba que creciera a la par, al tiempo que trabajaba como directora de arte en una agencia de publicidad. Hice muchos sacrificios: para mí no había fiestas y mi vida social consistía sólo en ver a los amigos con los que trabajaba.

Considera que ésta es la decisión que yo tomé, tal vez no sea la mejor para todos, porque también hay personas que no están dispuestas a hacer ninguna clase de sacrificio por su carrera y que optan por otro estilo de vida. Y ES NORMAL.

TODO ESTÁ

BIEN

APRENDE A NO TENER TODOS LOS HUEVOS EN LA MISMA CANASTA, PORQUE NUNCA SABES QUÉ PUEDE PASAR; DIVERSIFICA TU TRABAJO.

Yo siempre he tenido un puesto estable como diseñadora gráfica, porque ése es el título que obtuve en la universidad y fue el ambiente en el que me pude desenvolver; además, nunca dejé de lado el *freelance*, para poder hacer las cosas que más me gustaban del diseño. Fue así como empezaron a buscarme para hacer más y más trabajos de ilustración y llegué a un punto en el que tuve la oportunidad de darme el lujo de tomar exclusivamente los *freelanceos* que se trataban de ilustración. Tampoco quería ilustrar sólo lo que las marcas me pedían: quería hacer algo propio, con mi estilo, y como yo quisiera. Fue así como, a base de madrazos emocionales y laborales, pude construir mi marca y finalmente lograr decir:

"AHORA SÍ AMO MI TRABAJO, AHORA SÍ ME GUSTA LO QUE HAGO AL CIEN POR CIENTO".

¿PERO SABES QUÉ?, nada fue fácil: pasaron 10 años antes de que alguien me tomara en cuenta y que mi familia apreciara que, en realidad, no estaba tan loca y que sí podía vivir de dibujar.

Hay una pregunta que siempre me hacen y que, además, me molesta muchísimo, al punto de que ya me da risa y les respondo de manera malvada: *"¿Cómo le hiciste para hacer famosas tus ilustraciones?"*. Jamás busqué ser famosa, yo únicamente quería vivir de dibujar, deseaba ser como Hello Kitty, pero en versión Vania Bachur. Tampoco fue cuestión de suerte y de *conectes*, sino de mi necedad y constancia. **Busqué tener algo único que diferenciara mi trabajo, que acabó siendo lo kawaii combinado con mi bizarro sentido del humor.** Las personas siempre ven el resultado final, pero no lo que hay detrás, que en mi caso fueron 30 años de trabajo, crisis emocionales y una válvula de escape para mi ansiedad.

Y es justo en este punto en el que digo que está bien, que sí valieron la pena esas desveladas y todas esas lágrimas, porque ahora tengo algo que es mío.

TRABAJOS DE MIS SUEÑOS

TRABAJO DE MI REALIDAD

LOGROS LABORALES A LOS QUE ASPIRO

Depende de ti lograr un trabajo en algo que te guste, búscalo y haz que pase. No te quedes en donde estás por mera costumbre, pero sí ten en cuenta que, para dejar ir algo, debes tener lo siguiente que quieres bien seguro. **RECUERDA que Tarzán no soltaba una liana hasta que tenía la siguiente en la mano.**

DALE EL VALOR QUE MERECE A TU TRABAJO.

Te lo aconseja una ilustradora a la que cada cinco minutos le dicen:

"AY, ¿DIBUJAS? ¡Dibújame GRATIS!".

No importa a qué te dediques o cuál sea tu área, a todos nos ha tocado tener que regalar nuestro trabajo. No olvides que te buscaron para un proyecto porque eres la persona experta y estás cobrando por tu experiencia.

Recuerdo que una vez una seguidora me mandó un mensaje superloco en el que decía que le molestaba que yo dibujara por dinero, porque si en realidad amaba mi trabajo, lo debía hacer desde el corazón y por *likes*. La realidad es que no puedo pagar mi cuenta de la luz, del teléfono, del gas, etcétera, con *likes*. Creéme, si pudiera, ya lo habría intentado. Justo en ese momento tuve que defender mi profesión una vez más. Al vivir de dibujar, puede parecer que estoy jugando, y no es así.

10. PARA DEFENDER TU TRABAJO

WTF?

Básicamente, la experiencia se obtiene de todas esas tragedias y dificultades que tuviste que pasar para aprender a hacer las cosas como las haces y en el tiempo en el que las puedes lograr.

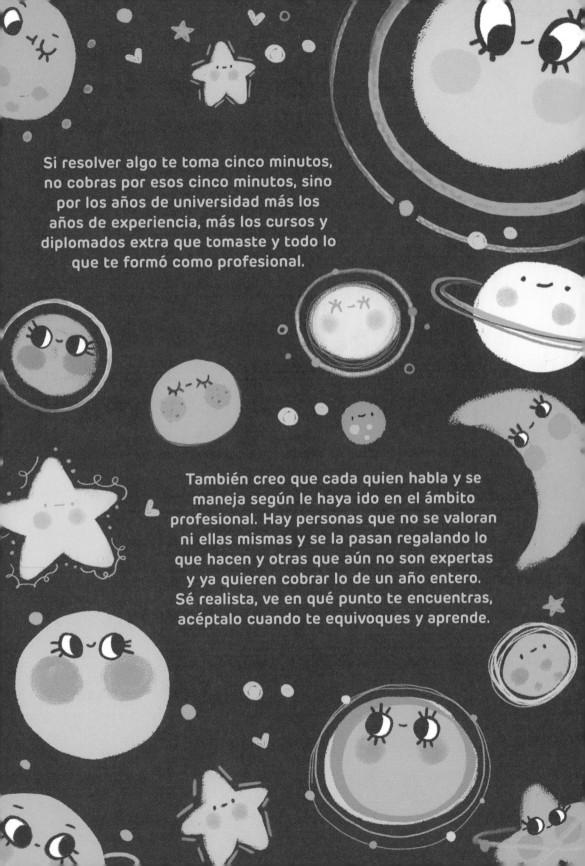

Si resolver algo te toma cinco minutos,
no cobras por esos cinco minutos, sino
por los años de universidad más los
años de experiencia, más los cursos y
diplomados extra que tomaste y todo lo
que te formó como profesional.

También creo que cada quien habla y se
maneja según le haya ido en el ámbito
profesional. Hay personas que no se valoran
ni ellas mismas y se la pasan regalando lo
que hacen y otras que aún no son expertas
y ya quieren cobrar lo de un año entero.
Sé realista, ve en qué punto te encuentras,
acéptalo cuando te equivoques y aprende.

NOVATO · EXPERTO

Algo que siempre me funcionó, más en el mundo de la publicidad, fue tener bien cimentadas las bases sobre las que trabajaba. Si alguien quería hacerme una crítica no constructiva o quería despedazar mi trabajo por mera diversión, yo lo defendía con teoría: "**No lo digo yo, lo dicen los libros**". Y así se quedaba sin argumentos.

MIS LIBROS

¿CUÁNTO VALE MI TIEMPO?

11. PARA QUE TE PAGUEN POR HACER ESO QUE SOÑASTE

Sí puedes vivir de eso que tanto soñaste desde que eres pequeña, pero tienes que convertirte en una profesional, tomarte en serio solita y, además, creértela —a veces siento que eso de creérsela suena como a comercial de refresco, pero es real: **TIENES QUE HACERLO.**

Si te sientes segura y crees que lo que haces está superincreíble, los demás van a pensar lo mismo. Obviamente debes tener cierta calidad y un diferenciador que te ayude a hacerte ver, por eso te recomiendo que primero aprendas. ADEMÁS, TIENES QUE SER MUY HONESTA CONTIGO MISMA: BIEN SABRÁS SI TIENES POTENCIAL PARA ESO QUE QUIERES LOGRAR.

COSAS QUE DEBO APRENDER

COSAS EN LAS QUE TENGO POTENCIAL

Intenta no aventarte al ruedo de querer hacer productos con algo que anotaste en una servilleta mientras estabas comiendo en la fondita. No te quedes siempre con tus primeras ideas, porque puedes llegar a resultados comunes. Seguramente alguien más ya lo pensó, y no es ni original ni tan extraordinario.

Muy seguido me mandan mensajes preguntándome:

"¿QUÉ HICISTE PARA QUE TE PAGARAN POR DIBUJAR?"

O

"¿QUÉ ME RECOMIENDAS PARA HACER CRECER MI MARCA?".

La respuesta se resume en una sola palabra: **¡TRABAJAR!** Y es que siento que muchas personas quieren que se cumplan sus objetivos por poder divino.

CLAVE

🔒 TRABAJAR

Jamás me cansaré de recomendarte que tengas una fuente de ingresos estable, sobre todo mientras arrancas el proyecto de tus sueños, ya que en verdad pueden pasar años hasta que veas resultados económicos. Una vez más, la constancia te ayudará. Además, así no terminarás odiando eso que según tú amabas tanto, porque no lo culparás de **"no haber funcionado"**.

Muestra tu trabajo, tus ideas o tus proyectos, porque creéme que ningún ejecutivo inversor está en estos momentos en su oficina pensando que tal vez tú existes y que debería ir hasta tu casa a tirarte dinero, porque presiente que tienes talento.

GODÍN DE DÍA

EMPRENDEDORA DE NOCHE

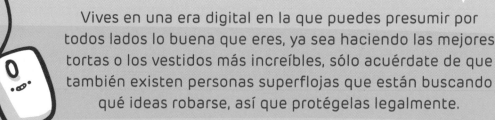

Vives en una era digital en la que puedes presumir por todos lados lo buena que eres, ya sea haciendo las mejores tortas o los vestidos más increíbles, sólo acuérdate de que también existen personas superflojas que están buscando qué ideas robarse, así que protégelas legalmente.

EL TRABAJO
DE MIS SUEÑOS

¿EN DÓNDE PUEDO PRESUMIR LO QUE HAGO?

Si te da miedo eso de andar mostrando tu trabajo, puedes empezar a hacerlo solamente entre tus amigos.

Yo recibí mi primer encargo ilustrado así, ya que hice los regalos de Navidad para una amiga, y no sabía cuánto cobrarle. Ahora, muchos años después, nos seguimos acordando de eso y nos reímos, porque ahora sí sé cobrar y, además, estoy un poco enferma de poder.

¿QUIÉNES PODRÍAN SER MIS CLIENTES?

Eso de que el **UNIVERSO** conspira a tu favor para que las cosas te pasen por poder divino no es real. Amiga, date cuenta: deja de desear que te ocurran cosas buenas, levanta tu trasero y haz que te sucedan. Si tu método favorito para cambiar es nunca salir de tu casa y esperar un milagro... no va a pasar.

12. PARA CONQUISTAR EL MUNDO

Traza planes para cumplir tus objetivos. Es bonito soñar, pero es más bonito trabajar y darte cuenta de que lo estás logrando. Sé como Cerebro, que siempre estaba pensando cómo conquistar el mundo, pero también arriésgate como Pinky, que hacía locuras para lograrlo y no sólo se quedaba ahí viendo la vida pasar.

¿Recuerdas que al inicio del libro te conté que desde chiquita adivinaba con qué marcas iba a trabajar?

Justo ahí empecé a definir mis metas, porque, aunque las personas pensaban que estaba jugando, yo estaba muy convencida de que lo haría. Te recomiendo que hagas lo mismo: **crea tu lista con lo que quieres lograr**; no importa qué tan loco suene o que parezca medio imposible, porque en realidad nunca sabes qué camino puedes tomar y hacia dónde te llevará.

COSAS QUE QUIERO LOGRAR PROFESIONALMENTE

COSAS QUE QUIERO LOGRAR EN MI VIDA

Ahora debes tener muy en claro las cosas que tienes que hacer para conquistar el mundo, no de una manera malvada como Salem, pero sí de una manera real.

¿QUÉ NECESITO PARA CONQUISTAR EL MUNDO?

Algo que me ha ayudado mucho es hacerme un pequeño regalito material cuando cumplo una de mis metas.

TÓTEMS

Es como tener una clase de trofeos que te recuerdan que sí pudiste y que sí es posible lograr lo que quieres, además de que sirven como tótems cuando alguien es malo y quiere criticarte, porque volteas a ver tu objeto, pones cara vengativa tipo Clint Eastwood y dices: "Umm, ok..., pero hacer eso y trabajar tanto por ello me ayudó a comprarme esto". No me refiero a cosas supergrandes y costosas, pero sí algo que desees muchísimo; por ejemplo, cuando publiquen este libro me voy a comprar unos zapatos llenos de diamantina.

¿QUÉ ME GUSTARÍA AUTORREGALARME?

_____

_____

_____

_____

_____

_____

_____

LA FELICIDAD NO ES LO MISMO PARA TODOS:
para unos es tener el coche de sus sueños y para
otros es cuatro tacos de suadero con todo. No
envidies cosas y situaciones que ni siquiera te harían
feliz, busca lo que es tuyo. Cuando enfoques todas
tus fuerzas en ti y en lo que realmente deseas, nada
más te va a importar: dejarás de ver lo que hacen los
demás, porque ni tiempo te va a dar.

CUANDO ERES FELIZ, NO TE IMPORTA LO QUE HACEN OTROS

13. PARA CUIDARNOS MÁS

Estoy harta de sentirme vulnerable por ser mujer, o porque la sociedad me ha dicho que somos el sexo débil. **¿Débil de dónde?, ¿por qué nos dicen que somos diferentes?**

Somos un desastre como sociedad y hay que afrontarlo. No dejes de vivir simplemente por estar aterrada de lo que te puede pasar, pero sí toma precauciones, no te conviertas en un blanco fácil.

COSAS QUE AMO DE SER MUJER

¿Y si nos cuidamos las unas a las otras?

Si ves que alguien te está siguiendo mientras vas por la calle o te sientes amenazada

Tómame de la mano, sin pena y aunque no me conozcas. Está bien.

Haz como si me conocieras, dime qué es lo que sucede y algo podremos hacer juntas, como gritar, correr o defendernos. Pero no dejemos que sea tarde y alguien tenga que contarlo por ti o por mí.

¿No te sientes segura?

Lleva gas pimienta o una maquinita de descargas eléctricas contigo

¡GRITA COMO SI NO HUBIERA MAÑANA!

Ve atenta a tu alrededor, no vayas distraída, pon atención

Si ves algo raro, ayuda; todos somos hermanos, primos, hijos...

No te hagas wey

Arma una cadenita de ayuda entre tú y otras mujeres, cuídense las unas a las otras. Deja a un lado esa competencia absurda de querer ser mejor siempre o de tener más, no te compliques la existencia. Y lo más importante, educa a los hombres que tienes a tu alrededor. Yo tengo amigos que me han comentado barbaridades machistas porque creían que era "lo normal", y no es que sean personas genuinamente malvadas, sino que simplemente ignoraban ciertos hechos. Una vez que lo hablamos, lograron entenderlo y cambiar su perspectiva.

¿QUÉ ME GUSTARÍA QUE ENTENDIERAN LOS HOMBRES QUE ME RODEAN?

¿QUIÉN QUIERE SER UNA PRINCESA CUANDO PUEDES SER LA MAMÁ DE LOS DRAGONES?

Por alguna extraña razón, en casi todas las películas, series y libros, las mujeres son personajes que necesitan ser salvados o que no saben cómo enfrentar la vida y siempre necesitan a alguien que las ilumine y les muestre el camino.

Sé una mujer que toma sus propias decisiones de vida, no bases tu felicidad en lo que otras personas creen que es lo correcto o lo que **"debería ser"**, por mera costumbre. Sé la guía de tu vida y conviértete en inspiración para que otras mujeres vean que sí se puede.

Hay muchos ejemplos de mujeres reales y personajes ficticios que te pueden inspirar para crecer y hacer más.

14. PARA SER MÁS FUERTES

"ERES MÁS FUERTE DE LO QUE CREES".

SOY DEMASIADO MÁGICA PARA TUS TONTERÍAS.

PARA MUJERES FUERTES... MI MAMÁ Y SU MIRADA LÁSER

MIS FORTALEZAS

15. PARA SER TU PROPIA SUPERHEROÍNA Y LA DE OTRAS MUJERES

Pelea como niña, porque pelear como niña quiere decir ser fuerte, trabajar por lo que quieres, soñar en grande y cumplirlo. Las pequeñas que tienen grandes sueños y trabajan en ellos se convierten en mujeres empoderadas.

No necesitas que nadie te salve, porque te tienes a ti. Recuerda que la mejor parte es tu cerebro y lo que puedes lograr con él. Sí, el físico también es importante, pero no lo es todo; como diría mi abuelita: "Eso también se acaba".

AMO MI CEREBRO

ESTÁ BIEN SER ESA NIÑA "RARA" QUE SE ESCONDE DETRÁS DE SUS CUADERNOS Y QUE OCULTA SUS INSEGURIDADES. Cultiva tu mente mientras estás así, porque cuando florezcas va a ser increíble; además, todas lo hacemos en nuestros propios tiempos. No tengas prisa por crecer y vivir, porque podrías terminar experimentando puras locuras. Date tu tiempo, aprende qué es lo que quieres y qué te gusta.

Aprende a dar buenos consejos y también a tomarlos —no siempre vas a tener la razón al cien por ciento—, así podrás ayudar a otras mujeres a tomar mejores decisiones, para que no caigan en los mismos errores que tú.

ESTÁ BIEN SER "LA NIÑA RARA". ES BONITO.

¿CÓMO PUEDO AYUDAR A OTRAS MUJERES?

A VECES TÚ SOLITA TE TIENES QUE SALVAR

COSAS QUE LOGRÉ SUPERAR

LOS MEJORES CONSEJOS QUE ME HAN DADO 👍

Recuerda que este libro es un compilado de cosas que me han servido muchísimo, pero todos esos espacios y listas que te dejé para que llenaras hacen que seas parte de él y que puedas escribir tu propia historia. No creo tener la razón en todo; es más, estoy muy lejos de eso, pero si esto puede ayudar a hacer tu camino más fácil y no caer en los mismos hoyos que yo, mejor para ti y para mí.

ESCRIBÍ ESTE LIBRO E ILUSTRÉ CON TODO MI CORAZÓN MALVADO KAWAII, PARA TI, PARA MÍ Y PARA TODAS NOSOTRAS.

15 consejos malvados para ser tu propia superheroína
de Vania Bachur
se terminó de imprimir en junio de 2019
en los talleres de
Litográfica Ingramex, S.A. de C.V.
Centeno 162-1, Col. Granjas Esmeralda, C.P. 09810,
Ciudad de México.

SOY BIEN ENOJONA

STICKERS MALVADOS VOL.3